Um Tempo de Purrrfact

A Purrrfect Time (Portuguese Translation)

Written by Sam Miller

The Purrrfect Time was written originally in English
and translated into the following languages:
Thai, Vietnamese, Tagalog, German, Spanish, Portuguese,
Mandarin, Bengali, French, Hindi.

Copyright © 2021 by Samuel Miller

All rights reserved. No part of this publication may be reproduced, stored in a retrieval system, or transmitted, in any form or by any means, electronic, mechanical, photocopying, recording, or otherwise, without the written prior permission of the publisher.

ISBN 9781777303884

Book design by Hiroki Nakaji

Printed and bound with IngramSpark

Armed Bandit Publishing

Conheci Sam quando eu era apenas um gatinho. A sua vida era então mais fácil; ele tinha ambos os braços. Um dia, Sam perdeu um dos seus braços num acidente, mas não perdeu o seu sorriso! Esta história é um lembrete para se concentrar no que o faz feliz e para nunca desistir. Junte-se a mim enquanto olho para trás em alguns momentos da minha vida.

O meu nome é Bob(a gata fêmea) e vou contar esta história.

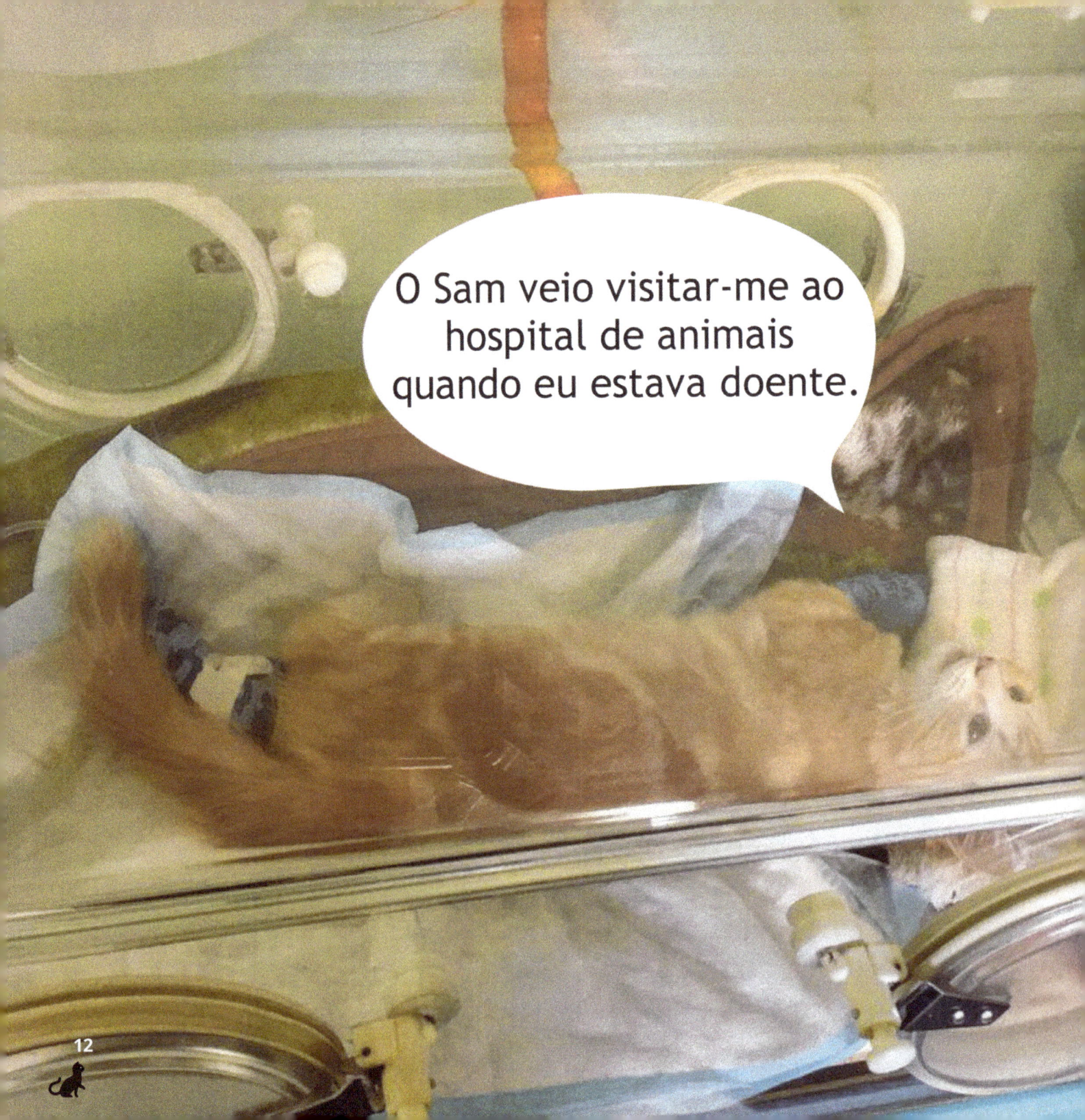

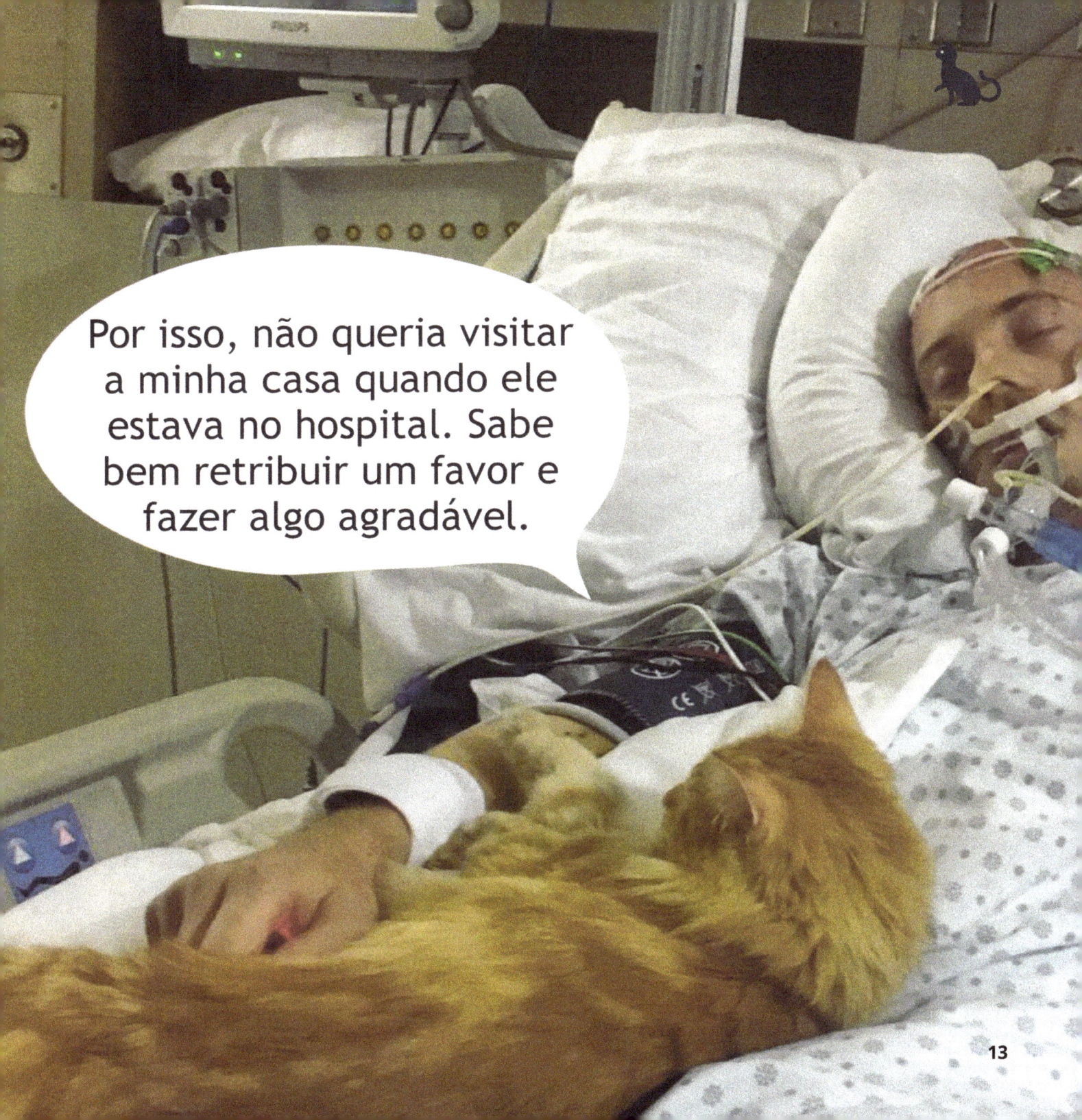

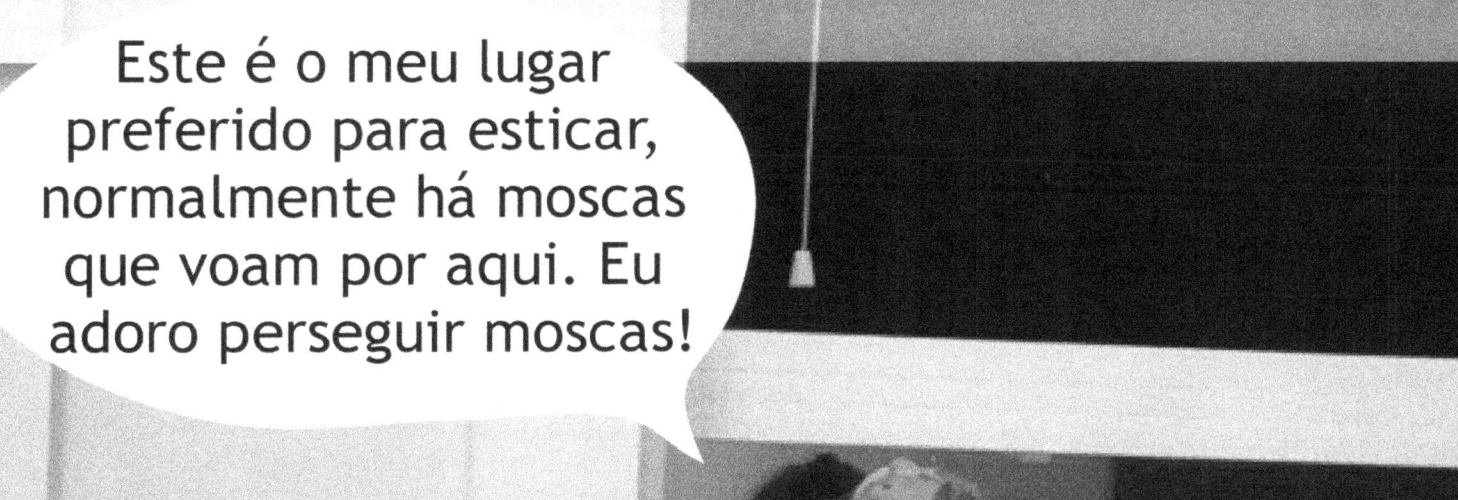

Sam estava ao telefone no outro dia e eu ouvi-o dizer isto ao seu amigo; Por vezes, quando estou a falar com alguém, não estou a ouvir porque estou a pensar no que vou dizer. as pessoas querem ser ouvidas e sabem que estás a ouvir.

Percebi que é muito importante ser-se inimigo do que se tem para lhe dizer, e então eles serão interceptados no que se tem para dizer a eles".

Encontrou o gato em todas as páginas de fotos?

Sam; Este livro começou como um passartempo para mim. Era uma forma de me distrair das questões que eu enfrentava na minha vida. Acabou por ser a terapia de que eu precisava. Ensinou-me muito sobre mim mesmo, bem como formas de lidar com os desafios e situações difíceis. Durante muito tempo, pensei saber o que era a vida e o que mais importava. Estava muito, muito enganado. À medida que enfrentei novos challeges e os superei, comecei a perceber o que era importante para mim. Pude então tomar uma decisão educada sobre o que me faria realmente feliz. Não há vergonha em falhar e tentar novamente. são quase sempre as pessoas determinantes que conseguem o que querem. É preciso permanecer forte.

Páginas de coloração

www.ingramcontent.com/pod-product-compliance
Lightning Source LLC
Chambersburg PA
CBHW051301110526
44589CB00025B/2910